U0128059

朝讀經典

好學三喻

國小・低年級

2

馮天瑜／主編

本書編委會

主　編　馮天瑜

副主編　曾　暉

編　委　（以姓氏筆畫為序）

王林偉　左松濤　邢曉明　劉　耀

江俊偉　余來明　陳文新　鍾書林

姜海龍　姚彬彬　徐　駱　謝遠筍

本套讀本的編寫，遵循如下原則：

一、 注重中華文化的弘揚與教育。本套讀本從浩如煙海的傳統文化典籍中，遴選能夠涵養做人處事價值觀的、千古傳誦的經典原文，使學生透過誦讀學習，由淺入深地提高對中華文化的認知度，潛移默化地增強對文化的自覺與自信，認真汲取其思想精華和道德精髓，真正實現中華文化在青少年身上的傳承與弘揚。

二、 尊重中華文化自身固有的特性。從「國文」（語言文字）、「國史」（歷史統系）、「國倫」（倫理道德）三個層面選取古典篇目，兼顧德性培育、知性開發與美感薰陶。因為中華文化本身即是「國文」「國史」與「國倫」的綜合，德性、知性與美感的統一。

三、 尊重學生發展不同階段的特點。選取篇目力求平和中正，典雅優美，貼近生活，明白曉暢，讀來趣味盎然；由易到難，由淺入深，循序漸進，合理編排，使學生先領會傳統文化的趣、美、真，進而達於善。

四、 兼顧篇章組合的系統性和多元性。以家國情懷、社會關愛、人格修養為主線，分主題展示中華文化。篇目選取不限某家某派，不拘文類，義理、詩文、史傳等兼收並蓄，異彩分呈。同時注意選文的易誦易記，便於學生誦讀。

　　中華文化源遠流長，凝聚著古聖先賢的智慧，亦是安身立命的基礎與根本。本套書古今貫通，傳承優秀文化；兼收並蓄，汲取異域英華，對推動中華文化創造性轉化、創新性發展，以及培育才德兼備的下一代，意義深遠。

本書編委會

目　錄

第一單元

念ㄋㄧㄢˋ親ㄑㄧㄣ恩ㄣ

　　父ㄈㄨˋ母ㄇㄨˇ給ㄍㄟˇ予ㄩˇ我ㄨㄛˇ們ㄇㄣˊ生命ㄇㄧㄥˋ，哺ㄅㄨˇ育ㄩˋ我ㄨㄛˇ們ㄇㄣˊ成ㄔㄥˊ長ㄓㄤˇ。父ㄈㄨˋ母ㄇㄨˇ的ㄉㄜ˙深ㄕㄣ厚ㄏㄡˋ恩ㄣ情ㄑㄧㄥˊ，就ㄐㄧㄡˋ像ㄒㄧㄤˋ春ㄔㄨㄣ天ㄊㄧㄢ的ㄉㄜ˙陽ㄧㄤˊ光ㄍㄨㄤ。我ㄨㄛˇ們ㄇㄣˊ要ㄧㄠˋ珍ㄓㄣ惜ㄒㄧˊ父ㄈㄨˋ母ㄇㄨˇ的ㄉㄜ˙深ㄕㄣ情ㄑㄧㄥˊ厚ㄏㄡˋ愛ㄞˋ，懂ㄉㄨㄥˇ得ㄉㄜ˙報ㄅㄠˋ答ㄉㄚˊ父ㄈㄨˋ母ㄇㄨˇ的ㄉㄜ˙養ㄧㄤˇ育ㄩˋ之ㄓ恩ㄣ。

1

❶反ㄈㄢˇ哺ㄅㄨˇ跪ㄍㄨㄟˇ乳ㄖㄨˇ①

《增廣賢文》

羊ㄧㄤˊ有ㄧㄡˇ跪ㄍㄨㄟˇ乳ㄖㄨˇ之ㄓ恩ㄣ，

鴉ㄧㄚ有ㄧㄡˇ反ㄈㄢˇ哺ㄅㄨˇ之ㄓ義ㄧˋ②。

注　釋 ....

①選自《增廣賢文》（中華書局 2013 年版）。標題為編者
　所加。反哺，小烏鴉長大以後，叼來食物餵養其母。跪
　乳，跪著吃奶。
②義：情義。

文　意 ....

　　　羊羔有跪著吃奶的感恩舉動，烏鴉
有銜食餵母的報恩情義。

小動物都知道報答父母，人更應該知恩、
感恩、報恩。

中國的羊文化

　　在中國遠古狩獵時代，羊是被人們獵捕和馴養的動物之一，也是人們主要的食物和重要的祭祀用品。因而，人們對羊十分重視。在古代，羊就是吉祥的意思。《說文解字》解釋說：「羊，祥也。」「羊」與「祥」也經常通用，「吉羊」就是「吉祥」。羊的形象也廣泛應用到器物中，著名的「四羊方尊」就是典型代表。民間還喜歡用「三陽開泰」作為新年吉祥語，其圖案為三隻羊（諧音「陽」）在溫暖的陽光下吃草，寓意大地回春，萬象更新，興旺發達，諸事順利。

❷ 遊ㄧㄡˊ子ㄗˇ吟ㄧㄣˊ①

〔唐〕孟郊

慈ㄘˊ母ㄇㄨˇ手ㄕㄡˇ中ㄓㄨㄥ線ㄒㄧㄢˋ，

遊ㄧㄡˊ子ㄗˇ身ㄕㄣ上ㄕㄤˋ衣ㄧ。

臨ㄌㄧㄣˊ行ㄒㄧㄥˊ密ㄇㄧˋ密ㄇㄧˋ縫ㄈㄥˊ，

意ㄧˋ恐ㄎㄨㄥˇ遲ㄔˊ遲ㄔˊ歸ㄍㄨㄟ。

誰ㄕㄟˊ言ㄧㄢˊ寸ㄘㄨㄣˋ草ㄘㄠˇ②心ㄒㄧㄣ，

報ㄅㄠˋ得ㄉㄜˊ三ㄙㄢ春ㄔㄨㄣ③暉ㄏㄨㄟ④。

5

注　釋

①選自《全唐詩》（中華書局 1999 年版）。吟，中國古代
　詩歌的一種名稱。
②寸草：小草。
③三春：春季的三個月，分別為孟春、仲春、季春。
④暉：陽光。

 文　意

　　慈祥的母親，用手裡的針線，為即將遠行的孩子趕製新衣。在孩子離開之前，母親忙著把衣服縫得緊密嚴實，擔心孩子在外遲遲不能回家。誰說孩子小草般微小的孝心，能夠報答得了春天陽光般溫暖的母愛呢？

　父母的愛，像春天的陽光，溫暖著我們的心靈。我們要用心去體會父母給予我們的點點滴滴的關愛。

深明大義的徐母

徐霞客幼年好學，博覽群書，尤其鍾情於地理圖書，決心歷九州登五嶽，探祕名山大川。十九歲那一年，他的父親去世了。他很想外出遊歷，但是因為需要照顧母親，他遲遲未動身。徐母是個很明事理的人，鼓勵兒子說：「男子漢大丈夫，不要拘泥於『父母在，不遠遊』的古訓，而應當到更廣闊的天地去增長見識，有所作為。」徐霞客聽後非常感動。

正是由於母親的鼓勵，徐霞客徒步旅行三十餘年，遊覽大半個中國，寫成著名的《徐霞客遊記》。該書被譽為「千古奇書」，他本人也被譽為「千古奇人」。

❸ 孟ㄇㄥˋ母ㄇㄨˇ三ㄙㄢ遷ㄑㄧㄢ①

《三字經》

昔ㄒㄧˊ孟ㄇㄥˋ母ㄇㄨˇ，擇ㄗㄜˊ②鄰ㄌㄧㄣˊ處ㄔㄨˇ③，

子ㄗˇ不ㄅㄨˋ學ㄒㄩㄝˊ，斷ㄉㄨㄢˋ機ㄐㄧ杼ㄓㄨˋ④。

①選自《三字經‧百家姓‧千字文‧弟子規》（中華書局 2009 年版）。標題為編者所加。
②擇：選擇。
③處：安家居住。
④機杼：指織布機。杼，織布梭子。

 文 意

古時候，孟子的母親為了選擇好鄰居，曾三次搬家。孟子不好好學習，他的母親剪斷已經織好的布，以此來教育他做事不能半途而廢。

孟子能成為著名的思想家，與母親對他的幫助和教育有很大的關係。聽從父母的教導，及時改正缺點，你才能更好的成長。

知子莫若母

　　相傳魯班年幼時很貪玩，每天花很多時間用樹枝搭小房子，用磚石壘小橋，找些樹根雕些小玩意兒。有時一玩就是一整天，連吃飯都忘記了。左鄰右舍的人見魯班整天擺弄這些東西，認為他沒有出息，說有出息的孩子應該用功讀書寫字。

　　魯班的媽媽對鄰居的譏笑卻不以為然，她認為魯班擺弄這些東西其實是很動腦筋的，玩得很有意義。她覺得小魯班將來一定能成大器，並鼓勵他去做喜歡做的事，發展他的才能，開拓他的智慧。後來，魯班果然成為一名出色的工匠，被後人尊稱為「建築工匠的祖師」。

▲〈歸汾圖〉（局部）〔明〕仇英

❹歲暮到家①

〔清〕蔣士銓

愛子心無盡，歸家喜及辰②。

寒衣針線密，家信墨痕新③。

見面憐清瘦，呼兒問苦辛。

低徊④愧人子⑤，不敢歎風塵⑥。

注　釋

①選自《忠雅堂集校箋》（上海古籍出版社1993年版）。
　歲暮，歲末，一年將終時。
②及辰：及時，指於年底前趕到。
③墨痕新：指剛剛寫完或收到的信。墨痕，墨跡。
④低徊：迴旋起伏。這裡指思緒萬千。
⑤愧人子：愧為人子，指為沒有盡到子女的責任孝敬父母
　而慚愧。
⑥歎風塵：感慨旅途的艱辛勞累。這裡指在外漂泊的境況。

文　意

　　　母親對子女的愛是沒有窮盡的，看到年末及時回到家的我，她是多麼高興啊。正在為我縫製的棉衣，針線密密實實，寫給我的家信，墨跡還新。一見了面，母親就憐愛的說我瘦了，連聲問我在外是否辛苦。我思緒萬千，為沒有孝敬和照顧母親而慚愧，只能婉轉回答母親的問話，不敢訴說在外漂泊的艱辛。

母親的愛溫暖著遊子的心。母親縫製的棉衣，永遠是我們最溫暖的回憶。

陶母退鮓

　　陶侃是東晉的名臣。年輕的時候，他曾經擔任過掌管捕魚的小官。有一次，他得到一條上好的醃魚（即「鮓」），就託人帶回家中給母親嘗嘗。不想母親看到魚後，原封不動的讓來人退給了陶侃，並且附上一封書信責備他。陶母在信中告誡陶侃：「你擔任縣吏，拿了公物送給我，不僅不會讓我高興，反而讓我擔憂啊！」受到母親的教誨後，陶侃從此嚴格要求自己，為官清廉，終成一代名臣。

❺燕ㄧㄢˋ詩ㄕ示ㄕˋ劉ㄌㄧㄡˊ叟ㄙㄡˇ

（節ㄐㄧㄝˊ選ㄒㄩㄢˇ）①

〔唐〕白居易

思ㄙ爾ㄦˇ②　為ㄨㄟˊ雛ㄔㄨˊ③　日ㄖˋ，

高ㄍㄠ飛ㄈㄟ背ㄅㄟˋ④　母ㄇㄨˇ時ㄕˊ。

當ㄉㄤ時ㄕˊ父ㄈㄨˋ母ㄇㄨˇ念ㄋㄧㄢˋ⑤　，

今ㄐㄧㄣ日ㄖˋ爾ㄦˇ應ㄥ知ㄓ。

①選自《白居易集箋校》（上海古籍出版社 1988 年版）。

　　叟，老頭兒，年老的男人。

②爾：你。

③雛：幼小的鳥。

④背：離開。

⑤念：念頭，想法。

　　　回想你幼小時，在展翅高飛離開父母的那一刻，當時父母的感受，現在你應該知道了。

我們要時時懷有一顆感恩的心，對待父母多一份體貼，多一些關愛。感恩父母，既是中華傳統美德，更是做人的基本準則。

學醫療親

　　唐代的孫思邈，小時候家裡很窮，父母生病了，沒錢醫治。看到父母受疾病折磨，孫思邈十分難過，他下定決心學習醫術，為父母治病。孫思邈到處拜師學習，終於成為遠近聞名的醫生。他知道很多窮苦的百姓也沒錢治病，就背起藥箱，不計報酬，幫助他們。

　　孫思邈活了一百多歲，後人尊稱他為「藥王」。

行知園

口能誦

我會背：慈母手中線……

我會背：昔孟母……

我會背：羊有跪乳之恩……

我會背：愛子心無盡……

我會背：思爾為雛日……

學而思

媽媽的心情

一放暑假，媽媽為什麼巴不得
我們快到外婆家去度假？
才住兩天半，
媽媽又為什麼打電話來，
問我們要不要回家？

同學們，左邊這首詩讀
上去像不像在說話？是不是
像在說曾經經歷過的事情？
詩裡有兩個小問號，你讀出
了什麼？

1. 把「學醫療親」的小故事講給父母聽。
2. 媽媽的生日快到了，你想怎樣表達對媽媽的愛呢？

......

第二單元

好讀書

　　書籍是人類的精神食糧，是人類進步的階梯。讀書不僅是個人成長的需要，也是國家和民族繁榮富強的需要。好讀書，多讀書，讀好書，到書中去開闊視野、增長知識，開啟溫潤心靈的書香之旅。

❻好ㄏㄠˇ學ㄒㄩㄝˊ三ㄙㄢ喻ㄩˋ①

〔漢〕劉向

少ㄕㄠˋ而ㄦˊ好ㄏㄠˇ學ㄒㄩㄝˊ，如ㄖㄨˊ日ㄖˋ出ㄔㄨ之ㄓ陽ㄧㄤˊ②；

壯ㄓㄨㄤˋ③而ㄦˊ好ㄏㄠˇ學ㄒㄩㄝˊ，如ㄖㄨˊ日ㄖˋ中ㄓㄨㄥ④之ㄓ光ㄍㄨㄤ；

老ㄌㄠˇ而ㄦˊ好ㄏㄠˇ學ㄒㄩㄝˊ，如ㄖㄨˊ炳ㄅㄧㄥˇ燭ㄓㄨˊ⑤之ㄓ明ㄇㄧㄥˊ。

注　釋

①選自《說苑校證》（中華書局 1987 年版）。標題為編
　者所加。喻，比方。
②陽：明亮。
③壯：壯盛之年，多指三、四十歲。
④日中：中午。
⑤炳燭：點燃蠟燭。炳，點燃。

文　意

　　少年好學，就如同初升的
太陽，光芒四射；壯年好學，
就如同中午的陽光，明亮
豔麗；老年好學，就如同
點燃的蠟燭，也會放出光
明，照亮黑暗。

活到老學到老，人活
著，就要不斷學習。
早學好過晚學，晚學
好過不學。

你知道嗎

葛洪抄書

　　葛洪是東晉人，從小就很喜歡讀書。那時書籍價格高，只有富有的家庭才買得起。葛洪家裡貧窮，他每天砍柴去賣錢，用來買紙墨，向別人借書來抄，然後背誦。這樣堅持了很久，他最終成為著名的道教理論家和醫學家，著有《抱朴子》《肘後備急方》等書。

▲〈葛洪移居圖〉〔清〕胡慥

22

❼ 焚ㄈㄣ膏ㄍㄠ繼ㄐㄧ晷ㄍㄨㄟ①

〔唐〕韓愈

焚ㄈㄣ膏ㄍㄠ油ㄧㄡ以ㄧˇ繼ㄐㄧ晷ㄍㄨㄟ，

恒ㄏㄥˊ②兀ㄨˋ兀ㄨˋ③以ㄧˇ窮ㄑㄩㄥˊ年ㄋㄧㄢˊ④。

▲中國早期的藏書票

23

①選自《韓昌黎文集校注》（上海古籍出版社 1986 年版）。
　標題為編者所加。焚膏繼晷，意為點起燈燭，繼續讀書，
　夜以繼日。焚，燃燒。膏，油脂，指燈燭。晷，日影。
②恒：一直。
③兀兀：勤奮刻苦的樣子。
④窮年：終年。

文 意

　　太陽下山了，就點起燈燭，繼續讀
書。一年到頭，都這樣勤奮刻苦，堅持
不懈。

讀書學習是一件快樂的事情。有時讀得
高興，連夜晚也不休息。越是用心，越
能發現讀書的樂趣。

司馬光惜書

　　北宋司馬光很喜歡讀書。他家裡有很多書，都保存得像新的一樣。因為司馬光每次讀書的時候，都要首先檢查一下桌子是否乾淨，手有沒有洗乾淨，然後鋪上桌布，才端正的打開書來讀。看書的時候，他也非常小心的翻頁，儘量避免弄皺或弄髒書頁。他這樣教育自己的兒子：「讀書人的財產就是這些書了，要珍惜啊！」

❽觀《ㄨㄢ 書ㄕㄨ 有ㄧㄡˇ 感《ㄢˇ①

〔宋〕朱熹

半ㄅㄢˋ畝ㄇㄨˇ方ㄈㄤ塘ㄊㄤˊ一ㄧ鑑ㄐㄧㄢˋ②開ㄎㄞ ，

天ㄊㄧㄢ光《ㄨㄤ雲ㄩㄣˊ影ㄧㄥˇ共《ㄨㄥˋ徘ㄆㄞˊ徊ㄏㄨㄞˊ③ 。

問ㄨㄣˋ渠ㄑㄩˊ④那ㄋㄚˇ⑤得ㄉㄜˊ清ㄑㄧㄥ如ㄖㄨˊ許ㄒㄩˇ？

為ㄨㄟˋ有ㄧㄡˇ源ㄩㄢˊ頭ㄊㄡˊ活ㄏㄨㄛˊ水ㄕㄨㄟˇ來ㄌㄞˊ 。

注　釋

①選自《宋詩鑑賞辭典》（上海辭書出版社 1987 年版）。
②鑑：鏡子。
③徘徊：浮動。
④渠：相當於「他」或「它」。這裡指方塘之水。
⑤那：同「哪」。

文　意

　　　半畝大的池塘像一面明亮的鏡子，
天空的光彩和雲朵的影子倒映在池塘裡
不停變動。　要問池塘裡的水為何能這樣
清澈，　是因為有永不枯竭的源頭活水流
進來。

新的知識，　新的實踐，　都是走向成功的
「源頭活水」。　要做生活的有心人，　善
於從書本中、　從生活中去發現「新」。

朱熹讀書法

　　朱熹是南宋時期著名哲學家、教育家，也是中國第一個系統研究讀書理論和讀書方法的人。朱熹讀書法的精義是：（1）循序漸進。要按照一定的次序，有系統、有計劃的進行。（2）熟讀精思。要從反復誦讀入手，做到學與思結合，力求透徹理解和領悟，牢固記憶和掌握。（3）虛心涵泳。要有虛心的態度，仔細認真，沉浸其中，反覆琢磨，多方驗證才能明辨是非，解決疑難。（4）切己體察。要連貫自己的知識、經驗來理解，同時也不固執己見。（5）著緊用力。要勤奮，捨得下功夫。（6）居敬持志。要有純淨專一的心境和堅定遠大的志向。

❾ 勤ㄑㄧㄣˊ 學ㄒㄩㄝˊ 苦ㄎㄨˇ 讀ㄉㄨˊ ①

《三字經》

頭ㄊㄡˊ 懸ㄒㄩㄢˊ 梁ㄌㄧㄤˊ② ，錐ㄓㄨㄟ 刺ㄘˋ 股ㄍㄨˇ③ ，

彼ㄅㄧˇ 不ㄅㄨˋ 教ㄐㄧㄠ ，自ㄗˋ 勤ㄑㄧㄣˊ 苦ㄎㄨˇ 。

如ㄖㄨˊ 囊ㄋㄤˊ 螢ㄧㄥˊ④ ，如ㄖㄨˊ 映ㄧㄥˋ 雪ㄒㄩㄝˇ⑤ ，

家ㄐㄧㄚ 雖ㄙㄨㄟ 貧ㄆㄧㄣˊ ， 學ㄒㄩㄝˊ 不ㄅㄨˋ 輟ㄔㄨㄛˋ⑥ 。

①選自《三字經‧百家姓‧千字文‧弟子規》（中華書局 2009 年版）。標題為編者所加。
②頭懸梁：漢朝人孫敬，讀書非常刻苦，晚上讀書時，他把頭髮拴在屋梁上以免打瞌睡。
③錐刺股：戰國人蘇秦，讀書疲倦的時候，就拿錐子刺一下大腿，以保持清醒。
④囊螢：晉朝人車胤（ㄧㄣˋ），小時候家裡窮，點不起油燈，他捉來很多螢火蟲裝在紗袋裡照明讀書。
⑤映雪：晉朝人孫康，家窮，在冬夜利用雪的反光讀書。
⑥輟：停止，放棄。

文 意

　　為了保持頭腦清醒，防止讀書時打瞌睡，孫敬用繩子把頭髮拴在房梁上，蘇秦用錐子扎自己的大腿。沒有人督促他們這樣做，他們自己願意這樣勤奮苦讀。車胤把螢火蟲裝在紗袋裡來照明讀書，孫康在冬夜利用雪的反光來照明讀書。他們雖然家庭貧困，卻一刻也沒有放棄學習。

無論做什麼事情，只要你有決心、有恒心，就會有辦法。

昭明太子讀書臺

　　昭明太子讀書臺位於江蘇省常熟市，相傳為南朝梁昭明太子蕭統讀書的地方。昭明太子自幼聰穎好學，史書記載他三歲就學習《詩經》《論語》，五歲時已遍讀五經。「讀書數行並下，過目皆憶。」他愛好文學，喜歡遊歷，出遊時也不忘讀書。因此年輕時就已學貫古今。據說光藏書就達三萬卷。他主持編選了中國現存最早的詩文總集——《文選》三十卷，世稱《昭明文選》。後世有「《文選》熟，秀才半」的俗語。

❿ 勸ㄑㄩㄢˋ 學ㄒㄩㄝˊ①

〔唐〕 孟郊

擊ㄐㄧ石ㄕˊ乃ㄋㄞˇ②有ㄧㄡˇ火ㄏㄨㄛˇ，
不ㄅㄨˋ擊ㄐㄧ元ㄩㄢˊ③無ㄨˊ煙ㄧㄢ。
人ㄖㄣˊ學ㄒㄩㄝˊ始ㄕˇ④知ㄓ道ㄉㄠˋ，
不ㄅㄨˋ學ㄒㄩㄝˊ非ㄈㄟ自ㄗˋ然ㄖㄢˊ⑤。
萬ㄨㄢˋ事ㄕˋ須ㄒㄩ己ㄐㄧˇ運ㄩㄣˋ⑥，
他ㄊㄚ得ㄉㄜˊ非ㄈㄟ我ㄨㄛˇ賢ㄒㄧㄢˊ⑦。
青ㄑㄧㄥ春ㄔㄨㄣ須ㄒㄩ早ㄗㄠˇ為ㄨㄟˋ，
豈ㄑㄧˇ⑧能ㄋㄥˊ長ㄔㄤˊ⑨少ㄕㄠˋ年ㄋㄧㄢˊ。

▲〈雪室讀書圖〉〔清〕法若真

①選自《全唐詩》（中華書局 1999 年版）。
②乃：才。
③元：同「原」，原本，本來。
④始：才。
⑤自然：天然。
⑥運：使用，運用。
⑦賢：才能。
⑧豈：哪裡，難道。表示反問。
⑨長：長期。

　　擊打石頭，才會產生火花；如果不擊打，連煙都沒有。人也是這樣，只有通過學習，才能掌握知識；如果不去學習，知識不會憑空產生在腦海裡。凡事應該自己動手去做，別人的收穫，不等於自己的才能。年少時就應趁早努力，一個人怎麼可能永遠是少年呢？

少壯不努力，老大徒傷悲。好好學習，從現在做起。

天一閣

天一閣是明朝兵部右侍郎范欽建造的藏書樓，在浙江省寧波市，是中國現存最古老的私家藏書樓。范欽愛書如命，每到一個地方，就搜集當地的圖書，遇到無法購買的，就雇人抄錄。天一閣原有藏書七萬多卷，很多是極珍貴的圖書。范家人制定了嚴格的管理制度，對天一閣藏書用心保護。1949年後，為保護天一閣，特別設置了專門的管理機構，並不斷增補藏書。1982年，國務院公布天一閣為「全國重點文物保護單位」。

行知園

我會背：少而好學……

我會背：
焚膏油以繼晷……

我會背：半畝方
塘一鑑開……

我會背：
頭懸梁……

我會背：擊石
乃有火……

學而思

你能把詩句的上文和下文用線連起來嗎？

擊石乃有火，　　　　　　　　　豈能長少年。

人學始知道，　　　　　　　　　不擊元無煙。

萬事須己運，　　　　　　　　　不學非自然。

青春須早為，　　　　　　　　　他得非我賢。

行且勉

1. 課文中講了很多古人愛讀書的故事，請你也來說一說。

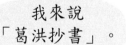

我來說
「葛洪抄書」。

我來說
「司馬光惜書」。

2. 古今中外為了實現遠大理想而勤奮苦讀的名人很多，
　 找一找關於他們的故事，再給大家說一說。

強體魄

我鍛鍊，我健康。小學生正處於身體發育的關鍵時期，適當運動，科學鍛鍊，增強身體素質，不僅有益健康，還能豐富我們的生活，磨煉我們的意志。我們擁有了強健的體魄後，才可能肩負起建設國家的重任。

⑪養身莫善於習動①

〔清〕顏元

養身莫善於習動①，
夙興夜寐②，振起精神，
尋事去作，行之有常③，
並不困疲，
日益④精壯。

注　釋

①選自《顏元集》（中華書局 1987 年版）。標題為編者所
　加。習，長期堅持做，養成習慣。
②夙興夜寐：早起晚睡。形容非常勤勞。夙，早。興，起身，
　起來。
③常：規律。
④益：更加。

文　意

　　　保養身體的辦法沒有比經常運動更
好的了。早起晚睡，振作精神，找事情
去做，這樣做形成了規律，就不會覺得
疲倦，身體反倒一天比一天強健。

生命在於運動，適度而規律的運動，能
強健體魄，讓學習與生活充滿活力。

太極拳

　　太極拳是中國武術的重要拳種之一，創始於清初，以中國傳統文化中的太極、陰陽辯證理念為核心思想，集頤養性情、強身健體、技擊對抗等多種功能為一體。太極拳動作柔和、緩慢、輕靈，剛柔相濟，連貫圓活，如行雲流水。練習時要求思想集中，精神專一，呼吸和動作配合，做到深、長、勻、靜。因此是人們鍛鍊身體、增強體質的有效手段。目前，太極拳已經發展成為一項世界性的運動，傳播到五大洲的一百多個國家和地區，深受世界人民的喜愛。很多外國人把學、練太極拳作為了解中國文化的有效途徑。

⑫徐霞客傳（節選）①

〔清〕錢謙益

其行②也，從一奴，或一僧；一杖、一襆被③。不治裝，不裹糧；能忍饑數日，能遇食即飽，能徒步走數百里。凌④絕壁，冒叢箐⑤，攀援下上，懸度⑥緪⑦汲，捷如青猿，健如黃犢。

▲〈徐宏祖〉〔清〕葉衍蘭

41

①選自《虞初新志》（文學古籍刊行社 1954 年版）。
②行：出遊。
③襆被：包袱，鋪蓋卷。
④凌：登上。
⑤冒叢箐：穿過深密的竹林。箐，山間的大竹林。
⑥懸度：用懸索橫渡山谷。
⑦綆：汲水器上的繩索。

文 意

　　他（徐霞客）出行時，只帶一個隨從，有時帶一個和尚；拄一根拐杖，背一個包袱。不整束行裝，不攜帶食物；能忍饑挨餓，一連幾天不吃飯，遇到什麼食物就吃什麼食物，能夠徒步行走幾百里。攀登陡峭的山峰，穿過茂密的竹林，上下攀援，用懸索橫渡山谷，如同用井繩打水，敏捷得像猿猴，強健得像黃牛。

　　身體如船，信念如帆，只有船體堅固，才能揚帆遠航，實現高遠的人生目標。

蹴鞠（ㄘㄨˋ ㄐㄩ）

　　蹴，用腳踢；鞠，皮製的球。蹴鞠就是踢球的意思。蹴鞠是中國古代足球運動，用以練武、娛樂、健身。戰國時期已流行於齊、楚一帶。漢代盛行於貴族及軍隊中，民間也相當普及。唐、宋時仍盛行，並有所發展，又稱為「蹴球」。至清代漸衰。現代的足球，就是從中國古老的蹴鞠演化而來。因此，國際足聯2004年正式確認「足球起源於中國」。

⑬營（ㄧㄥˊ）州（ㄓㄡ）歌（ㄍㄜ）①

〔唐〕高適

營（ㄧㄥˊ）州（ㄓㄡ）少（ㄕㄠ）年（ㄋㄧㄢˊ）厭（ㄧㄢˋ）②原（ㄩㄢˊ）野（ㄧㄝˇ），

狐（ㄏㄨˊ）裘（ㄑㄧㄡˊ）蒙（ㄇㄥˊ）茸（ㄖㄨㄥˊ）③獵（ㄌㄧㄝˋ）城（ㄔㄥˊ）下（ㄒㄧㄚˋ）。

虜（ㄌㄨˇ）酒（ㄐㄧㄡˇ）④千（ㄑㄧㄢ）鍾（ㄓㄨㄥ）⑤不（ㄅㄨˋ）醉（ㄗㄨㄟˋ）人（ㄖㄣˊ），

胡（ㄏㄨˊ）⑥兒（ㄦˊ）十（ㄕˊ）歲（ㄙㄨㄟˋ）能（ㄋㄥˊ）騎（ㄑㄧˊ）馬（ㄇㄚˇ）。

44

注　釋

①選自《全唐詩》（中華書局 1999 年版）。營州，古代地
　名，今遼寧朝陽一帶。
②厭：通「饜（ㄧㄢˋ）」，滿足。這裡指習慣。
③狐裘蒙茸：毛茸茸的狐皮袍子。
④虜酒：指當地少數民族釀的酒。
⑤鍾：酒杯。
⑥胡：古代對北方和西方各族的泛稱。

文　意

　　　營州一帶的少年習慣了草原生活，
穿著毛茸茸的狐皮袍子在城外打獵。他
們喝起酒來千杯不醉，十來歲的小孩就
會騎馬。

生活太舒適、太安逸，人就會懶散柔
弱。如果手無縛雞之力，縱使志向高
遠，滿腹經綸，也只能紙上談兵。

馬（ㄇㄚˇ）　球（ㄑㄧㄡˊ）

　　馬球是一項人騎在馬上，用球杆擊球入門的體育活動。在中國古代叫「擊鞠」，始於漢代，曹植的〈名都篇〉中就有「連翩擊鞠壤，巧捷惟萬端」的詩句，描寫當時人們打馬球的情形。馬球盛行於唐代，是皇帝和貴族們鍛鍊身體、娛樂的主要項目。唐朝歷史上多位皇帝都是馬球運動愛好者。此外，馬球還被廣泛應用到軍事訓練中，用以提高騎兵的騎馬技術和作戰能力。明、清時期，馬球逐漸衰落。

⑭競渡①

《漢口竹枝詞校注》

萬橈②齊舉水飛空，

兩岸喧呼助勢雄③。

搶罷對江④船漸散，

小河一片夕陽紅。

〈龍舟奪標圖〉〔元〕吳廷暉

47

注 釋

①選自《漢口竹枝詞校注》（湖北人民出版社 1985 年版）。
  標題為編者所加。競渡，賽船，指龍舟比賽。
②橈：船槳。
③雄：宏大，威武。
④對江：河對岸。

文 意

　　萬支船槳一齊高舉，　水花在空中飛濺，　兩岸喧鬧呼叫，　助威聲氣勢雄壯。競渡結束，　對岸的船隻漸漸散去，　小河上只留下一片紅色的落日餘暉。

　　人們以賽龍舟的方式自娛自樂，　強身健體，　歡度佳節，　紀念先賢屈原。

48

你知道嗎

劍術

　　劍術為武術技法之一，是以劍為器械，配合步型、步法等構成的武術演練套路。有單劍、雙劍，雙手劍、反手劍，長穗劍、短穗劍之分。劍法以點、崩、刺、撩、掛、劈、挑、抹為主。中國古代有很多擅長擊劍的名人，如漢代的尹翁歸，三國時的曹丕，唐代的裴旻等。隨著歷史的發展，劍術逐漸從實用性的攻擊，慢慢演化成了藝術性的劍舞。經常舞劍能夠舒活筋骨，強身健體。

行知園

我會背：
其行也……

我會背：養身莫
善於習動……

我會背：萬橈齊
舉水飛空……

我會背：營州少
年厭原野……

學而思

你能將圖片上所畫的體育運動和下面對應的名稱用線連起來嗎？

劍術　　　射箭　　　馬球　　　蹴鞠　　　太極拳

行且勉

1. 讀了徐霞客的故事，你一定有很多感受，和大家說一說吧！

我羨慕徐霞客有著健壯的體魄。

我欣賞他……

2. 要怎麼鍛鍊身體呢？想一想說給大家聽！

我認為可以早點起床晨跑。

游泳是鍛鍊體魄的好運動。

我知道……

第四單元

師生情

　　老師是辛勤的園丁，是知識的傳播者，是文明的傳承者。老師教給我們知識，教會我們做人。在我們成長的路上，老師像不滅的火炬，照亮我們的前程。

⑮保善從教①

《三字經》

人之初，性②本善，

性相近，習③相遠。

苟④不教，性乃遷⑤，

教之道，貴以專⑥。

①選自《三字經・百家姓・
　千字文・弟子規》（中華
　書局 2009 年版）。標題為
　編者所加。保善從教，保持善
　良的天性要順從教化。
②性：人的天性。
③習：習染，指後天環境的影響。
④苟：如果。
⑤遷：變化。
⑥專：專一。這裡指做事堅持不懈。

　　人剛出生，本性善良。天性雖然相
近，習染卻相差很遠。如果不及時進行
教育，善良的天性就會改變。教育的方
法，以持之以恆最為重要。

　　我們需要不斷學習，接受良好的教育，
保持善良純淨的本性。

你知道嗎

萬世師表——孔子

孔子，名丘，字仲尼。「孔子」是別人對他的尊稱。孔子是儒家學派的創始人，創立了以「仁」為核心的道德學說。儒家思想奠定了中華文

▲孔子像

化的根基，深深的植根在中國人心中。孔子一生從事教育事業。相傳他有學生三千人，有成就的學生七十餘人，如子貢、顏回、子路等。孔子歷代都受人敬重，人們稱頌孔子是「萬世師表」。

16 高《ㄍㄠ 山ㄕㄢ 仰ㄧㄤˇ 止ㄓˇ①**

《詩經・小雅》

高《ㄍㄠ 山ㄕㄢ 仰ㄧㄤˇ 止ㄓˇ，
景ㄐㄧㄥ 行ㄒㄧㄥ② 行ㄒㄧㄥ③ 止ㄓˇ。

〈高山仰止圖〉 傅抱石

56

注 釋

①選自《詩經譯注》（上海古籍出版社 1985 年版）。標題
　為編者所加。高山，比喻高尚的品德。仰，仰慕，嚮往。
　止，句末語氣詞。
②景行：大路。比喻光明正大的行為。
③行：實行，效仿。

 文 意

　　品德像高山一樣崇高的人，人們敬
仰他；行為光明正大的人，人們會向他
學習。

史學家司馬遷曾引用「高山仰止，景行
行止」來讚頌孔子。人們常用「高山仰
止」來表達對德才兼備、做出偉大業績
的人的敬仰。

夫子與西席

　　從古至今，中國人都非常尊敬老師，對老師的尊稱非常多。

　　夫子：在古代，夫子是對男子的敬稱。由於孔子博學多識，就被尊稱為「孔夫子」。後來，「夫子」成為對老師的尊稱。

　　西席：漢朝人席地而坐，室內座次以右為尊。漢明帝非常尊敬他的老師桓榮，每次見面時，都請他坐在自己右邊，背西面東的席位，從此，「西席」就成為了對老師的尊稱。

⑰從ㄘㄨㄥˊ師ㄕ敬ㄐㄧㄥˋ師ㄕ①

《幼學瓊林》

負ㄈㄨˋ②笈ㄐㄧˊ③千ㄑㄧㄢ里ㄌㄧˇ，

蘇ㄙㄨ章ㄓㄤ從ㄘㄨㄥˊ師ㄕ之ㄓ殷ㄧㄣˊ④；

立ㄌㄧˋ雪ㄒㄩㄝˇ程ㄔㄥˊ門ㄇㄣˊ，

游ㄧㄡˊ楊ㄧㄤˊ⑤敬ㄐㄧㄥˋ師ㄕ之ㄓ至ㄓˋ。

注 釋

①選自《幼學瓊林》（中華書局 2013 年版）。
　標題為編者所加。
②負：背。
③笈：書箱。
④殷：懇切。
⑤游楊：指北宋的游酢（ㄗㄨㄛˋ）、楊時二人。

文　意

　　東漢時的蘇章，背著沉重的書箱，行走千里去求學，他拜師求學之心就是這麼懇切。北宋時的游酢和楊時，拜見老師程頤時，不敢驚動老師休息，就恭敬的站立左右等候，等老師醒來時，門外的雪已一尺厚了。兩人對老師的尊敬就是這樣真誠。

　　老師教育培養我們，傳播人類文明，讓我們終身受益，是最值得敬佩的人。

一字師

　　唐朝有個叫齊己的和尚，喜愛作詩。有一次，齊己作了一首〈早梅〉詩，其中有兩句是：「前村深雪裡，昨夜數枝開。」他對這首詩很滿意，就拿去給自己的好朋友鄭谷看。

　　鄭谷看完後說：「『數』枝不太好，不能表現『早』，改為『一』枝更好。」齊己聽後非常佩服，並向鄭谷拜謝。

　　後人稱鄭谷是齊己的「一字師」。

⓲ 弟ㄉㄧˋ子ㄗˇ不ㄅㄨˋ必ㄅㄧˋ不ㄅㄨˋ如ㄖㄨˊ師ㄕ ①

《幼學瓊林》

冰ㄅㄧㄥ生ㄕㄥ於ㄩˊ水ㄕㄨㄟˇ而ㄦˊ寒ㄏㄢˊ於ㄩˊ水ㄕㄨㄟˇ，比ㄅㄧˇ②學ㄒㄩㄝˊ生ㄕㄥ過ㄍㄨㄛˋ於ㄩˊ先ㄒㄧㄢ生ㄕㄥ；青ㄑㄧㄥ出ㄔㄨ於ㄩˊ藍ㄌㄢˊ③而ㄦˊ勝ㄕㄥˋ④於ㄩˊ藍ㄌㄢˊ，謂ㄨㄟˋ弟ㄉㄧˋ子ㄗˇ優ㄧㄡ於ㄩˊ師ㄕ傅ㄈㄨˋ。

〈玉蘭黃鸝〉 于非闇

①選自《幼學瓊林》（中華書局 2013 年版）。標題為編者
　所加。
②比：比喻。
③藍：蓼（ㄌㄧㄠˇ）藍。葉子含藍汁，可做藍色染料。
④勝：超過，勝過。

　　冰由水凝結而成，卻比水寒冷，這
是比喻學生超過了先生；靛青是從蓼藍
中提煉出來的，但顏色卻比蓼藍更深，
這是說弟子勝過了師傅。

老師傳授知識給學生，學生融會貫通之
後，繼續學習和鑽研，很可能達到比老
師更高的水準。

不同書體的「師」

　　書法是中國傳統藝術之一，指用毛筆書寫漢字的法則，十分注重執筆、用筆、用墨，以及書寫時字體的點畫、結構、體式風格等技法。中國書法藝術已有三千多年的歷史，在內涵和技法不斷豐富、發展的同時，也推動漢字書體經歷了篆書、隸書、楷書、行書、草書的演變，異彩紛呈。以下是「師」的幾種不同書體。

篆書	隸書	楷書	行書	草書

⑲奉ㄈㄥˋ和ㄏㄜˋ令ㄌㄧㄥˋ公ㄍㄨㄥ 綠ㄌㄩˋ野ㄧㄝˇ堂ㄊㄤˊ種ㄓㄨㄥˋ花ㄏㄨㄚ①

〔唐〕白居易

綠ㄌㄩˋ野ㄧㄝˇ堂ㄊㄤˊ開ㄎㄞ②占ㄓㄢˋ物ㄨˋ華ㄏㄨㄚˊ③，

路ㄌㄨˋ人ㄖㄣˊ指ㄓˇ道ㄉㄠˋ令ㄌㄧㄥˋ公ㄍㄨㄥ家ㄐㄧㄚ。

令ㄌㄧㄥˋ公ㄍㄨㄥ桃ㄊㄠˊ李ㄌㄧˇ滿ㄇㄢˇ天ㄊㄧㄢ下ㄒㄧㄚˋ，

何ㄏㄜˊ用ㄩㄥˋ堂ㄊㄤˊ前ㄑㄧㄢˊ更ㄍㄥˋ種ㄓㄨㄥˋ花ㄏㄨㄚ。

▲〈翠羽和鳴圖〉（局部）
〔清〕華嵒

注 釋

①選自《全唐詩》（中華書局 1999 年版）。奉和，做詩酬
　答。奉，敬詞。和，依照別人詩詞的題材和體裁做詩詞。
　令公，指裴度，唐朝大臣，曾任宰相。晚年辭官退居洛
　陽，建綠野堂。
②開：設置，建造。
③華：精華。

文 意

　　　綠野堂的建造占盡了萬物精華，路
人都知道那是您的家。您栽培的後學和
舉薦的人才像桃花和李花開滿天下，還
用在堂前再種花嗎？

老師的教導和關愛，如春風化雨，潤物
無聲，滋養著我們苗壯成長。

桃李滿天下

　　唐朝時有一位著名的政治家叫狄仁傑，他門生眾多，又善於推薦人才，向當時的皇帝武則天推薦了許多優秀人才，且大多都成為當世名臣。有人因此對狄仁傑說：「天下的桃李，都在您的門下了。」

　　人們常用「桃李」代稱培養的後輩或所教的學生，並把「學生多」稱作「桃李滿天下」。

行知園

我會背：高
山仰止……

我會背：負
笈千里……

我會背：
人之初……

我會背：冰生於
水而寒於水……

我會背：綠野堂
開占物華……

學而思

查一查，古人是怎樣稱呼老師的？又是如何行拜師禮的？

68

誇一誇你的好老師，並把你對老師的評價填在下面的橫線上。

我的老師
很敬業……

我的老師既漂亮
又友善……

第五單元

朋友義

「一個籬笆三個樁，一個好漢三個幫。」朋友可以讓你的生活更加有趣，更加溫暖。朋友摔倒了，你一定會扶他起來。朋友成功了，他也一定會與你分享喜悅。

⑳朋ㄆㄥˊ友ㄧㄡˇ之ㄓ信ㄒㄧㄣˋ①

《論語・學而》

與ㄩˇ朋ㄆㄥˊ友ㄧㄡˇ交ㄐㄧㄠ②，
言ㄧㄢˊ③而ㄦˊ有ㄧㄡˇ信ㄒㄧㄣˋ④。

▼〈高逸圖〉（局部） 〔唐〕孫位

①選自《四書章句集注》（中華書局 1983 年版）。標題為
　編者所加。
②交：交往。
③言：說話。
④信：信用，誠信。

　　與朋友交往，說話要誠實守信。

　　朋友之間，誠信是基礎。遵守時間，遵
守約定，兌現承諾，這都叫「誠信」。

雞黍之交

雞黍，古時專指招待客人的豐盛飯菜。「雞黍之交」常用來形容誠信相待的朋友。

東漢時期，山陽人范式在太學讀書時，和汝南人張劭結為好友。二人完成學業後，各自返回老家。范式對張劭說：「我兩年後將會去你家裡拜訪。」兩人就此約定了相見的日期。不知不覺，約定的日期到了。張劭把這件事告訴了母親，請母親準備飯菜迎接好友到來。母親說：「分別了這麼久，你和他又遠隔千里，怎麼能確信他會來啊？」張劭說：「他是個守信的人，一定會來。」范式果然來了，二人歡樂暢飲。

73

21 友ㄧㄡˇ者ㄓㄜˇ友ㄧㄡˇ其ㄑㄧˊ德ㄉㄜˊ①

《孟子 · 萬章下》

友ㄧㄡˇ也ㄧㄝˇ者ㄓㄜˇ，友ㄧㄡˇ其ㄑㄧˊ德ㄉㄜˊ也ㄧㄝˇ，

不ㄅㄨˋ可ㄎㄜˇ以ㄧˇ有ㄧㄡˇ挾ㄒㄧㄚˊ②也ㄧㄝˇ。

▼〈寫生珍禽圖〉（局部）〔宋〕趙佶

①選自《四書章句集注》（中華書局 1983 年版）。標題為
　編者所加。友者友其德，交朋友交的是他的品德。
②挾：依恃，倚仗。這裡指利用。

　　　與人交友，交的是他的品德，不能
抱有利用的目的。

純潔的友誼最寶貴。與人交朋友，要有
好品德，講信用，共患難。

管鮑之交

「管鮑」，是指春秋時期齊國的管仲和鮑叔牙。在他們年輕的時候，管仲家窮困，鮑叔牙家富有，他倆合夥做生意，管仲出很少的本錢，分紅的時候卻拿很多錢，但鮑叔牙毫不計較。後來，兩人輔佐不同的齊國公子爭奪王位，鮑叔牙擁戴的公子小白（即後來的齊桓公）獲得了成功，鮑叔牙卻向齊桓公推薦管仲，並把高的職位讓給管仲，因為他知道管仲非常有才能。齊桓公重用了管仲，管仲幫齊桓公治理國家，使得國富民強。管仲說：「生我者父母，知我者鮑子也。」後人常用「管鮑之交」來形容朋友之間相互了解、彼此信任的關係。

22 四海之內皆兄弟①

《論語‧顏淵》

君子敬②而無失③，與人恭而有禮。四海之內，皆兄弟也。君子何患④乎無兄弟也？

①選自《四書章句集注》（中華書局 1983 年版）。標題為
　編者所加。
②敬：嚴肅，認真。
③無失：沒有過錯。
④患：擔心。

文　意

　　君子做事認真而無過失，　與人交往
謙恭而有禮，　所以，　在每個地方都會有
好朋友。　君子又何必擔心沒有朋友呢？

踏實認真，　對他人文明有禮，　到哪裡都
會受到歡迎，　都可以交到好朋友。

78

朋友的稱謂

知己——相知而且情誼深厚的朋友。

至交——友誼最深的朋友。

故交——有舊的交情或很多年前的朋友。

總角之交——小時候就認識的朋友。古代兒童頭髮梳成兩個獸角的樣子，叫總角。

忘年交——年齡差別大、輩分不同而交情深厚的朋友。

患難之交——共同經歷過禍患或困難的朋友。

摯友——親密的朋友。

諍友——能直言規勸的朋友。

㉓知ㄓ 音ㄧㄣ①

《幼學瓊林》

伯ㄅㄛˊ牙ㄧㄚˊ② 絕ㄐㄩㄝˊ弦ㄒㄧㄢˊ③ 失ㄕ 子ㄗˇ
期ㄑㄧˊ④ ，更ㄍㄥˋ無ㄨˊ知ㄓ 音ㄧㄣ 之ㄓ 輩ㄅㄟˋ。

注 釋

①選自《幼學瓊林》（中華書局 2013 年版）。標題為編者
　所加。知音，知心朋友。
②伯牙：春秋時期晉國琴師。
③絕弦：弄斷琴弦。
④子期：鍾子期，相傳為春秋時期楚國一樵夫，精通音律。

文 意

　　伯牙把琴弦弄斷，不再彈琴了，因
為他失去懂得自己心聲的朋友鍾子期，
他認為世上再也沒有能欣賞他的琴聲、
做他知心朋友的人了。

人生得一知己足矣。真正了解你，欣賞
你，體諒你，幫助你，永遠都不捨棄你
的，就是知心朋友，可以稱作你的「知
音」。

桃園結義

　　東漢末年，朝政腐敗，再加上連年災荒，人民生活非常困苦。劉備有意拯救百姓，關羽、張飛願與劉備共同做一番事業。三人志趣相投，在桃園裡焚香禮拜，宣誓結為兄弟：「不求同年同月同日生，只願同年同月同日死。」這便是《三國演義》中著名的「桃園結義」。後人用「桃園結義」來指可同甘共苦、生死與共的朋友結為兄弟。

行知園

口能誦

我會背：友也
者……

我會背：君子
敬而無失……

我會背：與朋友
交……

我會背：伯牙絕
弦失子期……

學而思

想一想，有哪些關於朋友的典故？

……

我知道「高山流水」。

我知道「管鮑之
交」。

行且勉

沒有色彩的世界是單調的，沒有朋友的生活是無趣的。

1. 回憶你和朋友的相處經歷，將最有趣的一幕、最難忘的一件事說給大家聽。

2. 親手製作一張友情卡，在好朋友生日時送給他（她），表達你的友善和真誠。

第六單元

樂（ㄌㄜˋ）助（ㄓㄨˋ）人（ㄖㄣˊ）

人（ㄖㄣˊ）人（ㄖㄣˊ）為（ㄨㄟˋ）我（ㄨㄛˇ），我（ㄨㄛˇ）為（ㄨㄟˋ）人（ㄖㄣˊ）人（ㄖㄣˊ）。樂（ㄌㄜˋ）助（ㄓㄨˋ）人（ㄖㄣˊ），重（ㄓㄨㄥˋ）在（ㄗㄞˋ）一（ㄧ）個（ㄍㄜˋ）「助（ㄓㄨˋ）」字（ㄗˋ），貴（ㄍㄨㄟˋ）在（ㄗㄞˋ）一（ㄧ）個（ㄍㄜˋ）「樂（ㄌㄜˋ）」字（ㄗˋ）。助（ㄓㄨˋ）人（ㄖㄣˊ）是（ㄕˋ）仁（ㄖㄣˊ），是（ㄕˋ）友（ㄧㄡˇ）善（ㄕㄢˋ）；助（ㄓㄨˋ）人（ㄖㄣˊ）也（ㄧㄝˇ）是（ㄕˋ）義（ㄧˋ），是（ㄕˋ）擔（ㄉㄢ）當（ㄉㄤ）。

24 先ㄒㄧㄢ人ㄖㄣˊ後ㄏㄡˋ己ㄐㄧˇ①

〔晉〕陳壽

每ㄇㄟˇ②有ㄧㄡˇ患ㄏㄨㄢˋ急ㄐㄧˊ③，
常ㄔㄤˊ先ㄒㄧㄢ人ㄖㄣˊ後ㄏㄡˋ己ㄐㄧˇ。

注　釋

①選自《三國志》（中華書局 1959 年版）。標題為編者
　所加。
②每：每當。
③患急：急難。

文　意

　　　每當有危險或是困難的時候，常常
先關心別人，然後才想到自己。

設身處地的先替他人著想，
友善待人，救人脫險，幫人
解難，然後再考慮自己。

中國古代的慈善機構

　　樂善好施、敬老助孤、濟困扶貧是中華民族的傳統美德。中國古代就有許多救濟助人的慈善機構，如收養鰥寡孤獨、老弱病殘的養濟院、居養院、寶善堂，收養棄嬰的育嬰堂、慈幼局，為貧困病人提供醫療救助的安濟坊、惠民藥局，以及代葬貧病已故或客死他鄉之人的漏澤園等。這些機構一般由政府出資興建，也有以私人名義捐建的，是當時慈善事業的重要組成部分。

25 施ㄕ惠ㄏㄨㄟ無ㄨˊ念ㄋㄢ①

〔清〕朱柏廬

施ㄕ惠ㄏㄨㄟ無ㄨˊ念ㄋㄢ，
受ㄕㄡ恩ㄣ莫ㄇㄛ忘ㄨㄤ。

注 釋 ....

①選自《朱子家訓》（中州古籍出版社 1995 年版）。標題
　為編者所加。念，惦記。

文 意 ....

　　幫助過別人，不要念念不忘。受過
別人的幫助，要常記心間。

助人，是友善的表現，不是為了回報。
受人幫助，則要常懷感恩之心，並且永
不忘懷。

義ˋ莊ㄓㄨㄤ

　　義ˋ莊ㄓㄨㄤ是ㄕ中ㄓㄨㄥ國ㄍㄨㄛˊ歷ㄌㄧˋ史ㄕˇ上ㄕㄤˋ大ㄉㄚˋ家ㄐㄧㄚ族ㄗㄨˊ為ㄨㄟˋ團ㄊㄨㄢˊ結ㄐㄧㄝˊ家ㄐㄧㄚ族ㄗㄨˊ成ㄔㄥˊ員ㄩㄢˊ，維ㄨㄟˊ護ㄏㄨˋ家ㄐㄧㄚ族ㄗㄨˊ、家ㄐㄧㄚ鄉ㄒㄧㄤ公ㄍㄨㄥ益ㄧˋ而ㄦˊ設ㄕㄜˋ置ㄓˋ的ㄉㄜ˙田ㄊㄧㄢˊ莊ㄓㄨㄤ。一ㄧˋ般ㄅㄢ由ㄧㄡˊ族ㄗㄨˊ內ㄋㄟˋ地ㄉㄧˋ位ㄨㄟˋ較ㄐㄧㄠˋ高ㄍㄠ、財ㄘㄞˊ力ㄌㄧˋ富ㄈㄨˋ足ㄗㄨˊ的ㄉㄜ˙官ㄍㄨㄢ員ㄩㄢˊ鄉ㄒㄧㄤ紳ㄕㄣ倡ㄔㄤˋ議ㄧˋ並ㄅㄧㄥˋ出ㄔㄨ資ㄗ，通ㄊㄨㄥ過ㄍㄨㄛˋ捐ㄐㄩㄢ獻ㄒㄧㄢˋ，或ㄏㄨㄛˋ是ㄕˋ購ㄍㄡˋ買ㄇㄞˇ田ㄊㄧㄢˊ地ㄉㄧˋ作ㄗㄨㄛˋ為ㄨㄟˋ義ˋ莊ㄓㄨㄤ。

　　北ㄅㄟˇ宋ㄙㄨㄥˋ名ㄇㄧㄥˊ臣ㄔㄣˊ范ㄈㄢˋ仲ㄓㄨㄥˋ淹ㄧㄢ將ㄐㄧㄤ他ㄊㄚ在ㄗㄞˋ江ㄐㄧㄤ南ㄋㄢˊ的ㄉㄜ˙千ㄑㄧㄢ畝ㄇㄨˇ土ㄊㄨˇ地ㄉㄧˋ交ㄐㄧㄠ給ㄍㄟˇ家ㄐㄧㄚ族ㄗㄨˊ，用ㄩㄥˋ這ㄓㄜˋ些ㄒㄧㄝ土ㄊㄨˇ地ㄉㄧˋ的ㄉㄜ˙收ㄕㄡ入ㄖㄨˋ來ㄌㄞˊ幫ㄅㄤ助ㄓㄨˋ貧ㄆㄧㄣˊ困ㄎㄨㄣˋ族ㄗㄨˊ人ㄖㄣˊ，首ㄕㄡˇ設ㄕㄜˋ義ˋ莊ㄓㄨㄤ。後ㄏㄡˋ來ㄌㄞˊ各ㄍㄜˋ地ㄉㄧˋ的ㄉㄜ˙大ㄉㄚˋ家ㄐㄧㄚ族ㄗㄨˊ紛ㄈㄣ紛ㄈㄣ效ㄒㄧㄠˋ仿ㄈㄤˇ，明ㄇㄧㄥˊ清ㄑㄧㄥ時ㄕˊ期ㄑㄧˊ義ˋ莊ㄓㄨㄤ遍ㄅㄧㄢˋ布ㄅㄨˋ全ㄑㄩㄢˊ國ㄍㄨㄛˊ各ㄍㄜˋ地ㄉㄧˋ。義ˋ莊ㄓㄨㄤ田ㄊㄧㄢˊ產ㄔㄢˇ所ㄙㄨㄛˇ得ㄉㄜˊ一ㄧˋ般ㄅㄢ用ㄩㄥˋ於ㄩˊ祭ㄐㄧˋ祀ㄙˋ，興ㄒㄧㄥ辦ㄅㄢˋ學ㄒㄩㄝˊ堂ㄊㄤˊ，接ㄐㄧㄝ濟ㄐㄧˋ孤ㄍㄨ寡ㄍㄨㄚˇ貧ㄆㄧㄣˊ困ㄎㄨㄣˋ、災ㄗㄞ傷ㄕㄤ疾ㄐㄧˊ病ㄅㄧㄥˋ以ㄧˇ及ㄐㄧˊ補ㄅㄨˇ助ㄓㄨˋ嫁ㄐㄧㄚˋ娶ㄑㄩˇ喪ㄙㄤ葬ㄗㄤˋ等ㄉㄥˇ。

26 憂ㄧㄡ 人ㄖㄣ 之ㄓ 憂ㄧㄡ ①

〔唐〕白居易

病ㄅㄧㄥ② 人ㄖㄣ 之ㄓ 病ㄅㄧㄥ③ ，憂ㄧㄡ 人ㄖㄣ 之ㄓ 憂ㄧㄡ 。

 注　釋

①選自《白居易集》（中華書局 1979 年版）。標題為編者
　所加。前一個「憂」為動詞，擔憂；後一個「憂」為名詞，
　憂愁。
②病：動詞，擔心。
③病：名詞，病痛。

文　意

　　把別人的病痛當作自己的病痛，　把
別人的憂愁當作自己的憂愁。

人無貴賤，　人格平等。　有一份同情心，
格外可貴。　不論何時何地，　都要悲憫那
些貧弱的人，　體貼他們，　幫助他們，　這
是君子所當為。

你知道嗎

施粥

在中國古代，生產力水準低下，一發生天災人禍，很多百姓就會食不果腹、流離失所，地方政府和民間機構以及富紳經常在路邊為需要救助的人免費提供飯食。「施粥賑饑」雖然簡單，卻是最基本、最受歡迎的一種慈善行為，體現了對每一個生命的尊重，營造了一個友善、互助的社會環境。在許多影片中，支起大鍋熬粥賑濟災民的鏡頭，正是對這一歷史情境的再現。

27 矜(ㄐㄩㄣ)人(ㄖㄣˊ)之(ㄓ)困(ㄎㄨㄣˋ)①

〔漢〕韓嬰

君(ㄐㄩㄣ)子(ㄗˇ)見(ㄐㄧㄢˋ)人(ㄖㄣˊ)之(ㄓ)困(ㄎㄨㄣˋ)則(ㄗㄜˊ)矜(ㄐㄧㄣ)之(ㄓ)，

小(ㄒㄧㄠˇ)人(ㄖㄣˊ)見(ㄐㄧㄢˋ)人(ㄖㄣˊ)之(ㄓ)困(ㄎㄨㄣˋ)則(ㄗㄜˊ)幸(ㄒㄧㄥˋ)②之(ㄓ)。

注 釋

①選自《韓詩外傳集釋》（中華書局 1980 年版）。標題為
　編者所加。矜，同情，憐憫。困，困難。
②幸：幸災樂禍。

文 意

　　品德高尚的人，看見別人有困難時，就會同情他們，而品德低下的人，則會幸災樂禍。

善良是美的基礎。我們要做樂於助人的君子，不做幸災樂禍的小人，從而讓社會更和諧。

荒政

　　荒政是指古代政府救濟災荒的政策措施。荒政包括設立備荒的義倉，實行災害報告、勘察制度，以及臨災救助三個方面。救助的方式主要有：政府為百姓提供醫療服務、糧食或食物，援建房屋，借貸種子、耕牛，減免賦稅，以及採取多種方式動員社會力量幫助賑濟等。這些政策為百姓渡過難關提供了重要幫助，是社會救助的重要組成部分，有利於穩定社會秩序和維持再生產，促進社會和諧進步。

口能誦

我會背：施惠無
念……

我會背：病人之
病……

我會背：每有
患急……

我會背：君子見人
之困則矜之……

學而思

請你講一講自己知道的友善助人的故事。

98

行且勉

　　將同學之間、鄰里之間互相關愛、和諧相處的美好畫面拍下來，貼一貼，秀一秀。

A0601A02

朝讀經典 2：好學三喻

| 主　　編 | 馮天瑜 |
| 版權策劃 | 李　鋒 |

發 行 人	陳滿銘
總 經 理	梁錦興
總 編 輯	陳滿銘
副總編輯	張晏瑞
編 輯 所	萬卷樓圖書股份有限公司
特約編輯	王世晶
內頁編排	小　草
封面設計	小　草
印　　刷	維中科技有限公司

出　　版	昌明文化有限公司
	桃園市龜山區中原街 32 號
電　　話	(02)23216565
發　　行	萬卷樓圖書股份有限公司
	臺北市羅斯福路二段 41 號 6 樓
	之 3
電　　話	(02)23216565
傳　　真	(02)23218698
電　　郵	SERVICE@WANJUAN.COM.TW

大陸經銷　廈門外圖臺灣書店有限公司
電　　郵　JKB188@188.COM

ISBN 978-986-496-379-9
2018 年 8 月初版
定價：新臺幣 400 元

如何購買本書：

1. 劃撥購書，請透過以下帳號
　帳號：15624015
　戶名：萬卷樓圖書股份有限公司
2. 轉帳購書，請透過以下帳戶
　合作金庫銀行古亭分行
　戶名：萬卷樓圖書股份有限公司
　帳號：0877717092596
3. 網路購書，請透過萬卷樓網站
　網址 WWW.WANJUAN.COM.TW

大量購書，請直接聯繫，將有專人為
您服務。(02)23216565 分機 10
如有缺頁、破損或裝訂錯誤，請寄回
更換

國家圖書館出版品預行編目資料

朝讀經典 . 2：好學三喻 / 馮天瑜主編 . -- 初版 .
-- 桃園市：昌明文化出版；臺北市：萬卷樓發行，
2018.08
100 面；18.5x26 公分
ISBN 978-986-496-379-9(平裝)
1. 國文科 2. 漢學 3. 中小學教育
523.311　　　　　　　　107014417

本著作物經廈門墨客知識產權代理有限公司代理，由湖北人民出版社授權萬卷樓圖書股份有限公司
出版、發行中文繁體字版版權。